LA

JURIDICTION COMMERCIALE

A LYON

LA
JURIDICTION COMMERCIALE

A Lyon sous l'ancien régime

ÉTUDE HISTORIQUE

SUR LA

Conservation des Privilèges royaux des foires de Lyon

(1463-1795)

par M. VAESEN

COMPTE-RENDU

par M. Léopold NIEPCE

LYON

IMPRIMERIE MOUGIN-RUSAND

3, Rue Stella, 3

1879

COMPTE-RENDU

Par M. LÉOPOLD NIEPCE

DE

L'ÉTUDE HISTORIQUE

SUR LA

JURIDICTION COMMERCIALE DE LYON

AVANT 1789

Par M. VAESEN

I

Naguère encore, l'histoire des anciennes institutions judiciaires lyonnaises était bien peu connue. Aucun écrivain n'avait tenté même d'en faire une étude approfondie, et moins encore d'en écrire les annales. Ces institutions, du reste, étaient des plus nombreuses, leurs attributions des plus variées, leurs formes des plus diverses ; aussi, un auteur lyonnais, Saint-Aubin, a pu dire d'elles, au XVIIe siècle, lorsqu'elles étaient encore dans la plénitude de leur exercice, « que le caméléon n'est pas plus changeant en ses couleurs, ni le Protée en ses visages, que la Justice de Lyon en son exercice et en la diversité des puissances qui l'on possédée. » Mais il s'est rencontré heureusement, en

1

1837, un magistrat lyonnais, un conseiller à la Cour, M. Fayard, lequel, débrouillant ce chaos historique, s'est donné la pénible tâche de reconstituer toute cette partie si complexe de l'histoire lyonnaise. Il a fait revivre, tour à tour, ces diverses et nombreuses institutions judiciaires, sur la plupart desquelles l'oubli s'était déjà fait. Il nous les a montrées avec leurs grandeurs et leurs imperfections, et a expliqué aussi les causes de leurs incessantes transformations par les exigences des évènements et par la loi du temps sous laquelle tout est condamné ici-bas à se courber et à obéir.

Toutefois, M. Fayard n'est pas remonté au-delà du Xe siècle dans ses recherches. A ce moment, la féodalité était définitivement constituée, l'unité nationale, œuvre que la royauté devait mettre des siècles à accomplir, n'existait pas encore et comme l'a si bien dit **M.** Guizot, dans son *Histoire de la civilisation :* « Le système des institutions monarchiques avait été vaincu, la fusion de la souveraineté et de la propriété s'était accomplie, et les propriétaires du sol étaient devenus les maîtres de ses habitants. » A ce moment, Lothaire II céda tous ses droits sur Lyon à Conrad-le-Pacifique, fils de Rodolphe II. Rodolphe III laissa le fief de Lyon à l'empereur d'Allemagne, Conrad-le-Salique, tout en maintenant à l'archevêque Burchard II l'autorité qu'il y exerçait déjà. Mais à côté de l'archevêque était son chapitre, riche et puissant, envahisseur, et qui parvint à absorber une partie du pouvoir temporel exercé par le chef de l'Église de Lyon. L'épiscopat eut ses juges et les chanoines eurent aussi leurs tribunaux distincts, leurs prisons particulières. De là d'incessants conflits, bien funestes souvent à la liberté des citoyens. De là aussi des luttes souvent sanglantes dans lesquelles la royauté se hâta d'intervenir, heureuse de trouver

une occasion pour se saisir de la justice temporelle de la ville;
Louis IX, saint Louis, était, du reste, un type royal de justice, et il éleva, dit M. Fayard, la royauté au rang d'une
grande magistrature sociale, destinée, dès lors, à dominer
toutes les autres, tant en vertu de sa supériorité matérielle
que de l'autorité morale qu'un saint lui avait imprimée. A
dater de cette époque, et après diverses vicissitudes qu'il
serait trop long de narrer ici, le roi, tout en maintenant
l'archevêque dans l'administration de la justice, à Lyon,
a tribua la juridiction d'appel au bailli de Mâcon, et institua
son lieutenant *gardiateur* de Lyon (*custos vel gardiator
lugdunensis*). Mais alors avait surgi aussi, à Lyon, à côté de
l'archevêque, du chapitre et de la royauté, un pouvoir nouveau, la Commune lyonnaise ; ce pouvoir, il est vrai, ne
naquit pas tout d'une pièce, comme on s'est plu à le dire et à
le croire, et son origine même est encore aujourd'hui pleine
de mystère (1).

La Commune lyonnaise, en grandissant, ne tarda pas, non
p us, à émettre la prétention de participer aussi à l'administration de la justice, à Lyon, et la royauté, peut-être malgré
elle, lui en fournit le prétexte et les moyens. Lyon, on le
sait, a toujours été essentiellement commerçant. L'histoire

(1) Ce qui est certain, c'est que lorsque cette nouvelle puissance
demanda aux archevêques de consacrer les franchises quelle prétendait faire remonter jusqu'au municipe romain, elle ne fut préoccu-
pée suivant Augustin Thierry, « que d'une liberté toute matérielle,
et que l'intelligence des habitants ne concevait alors rien de plus
désirable dans la condition humaine, » Laissons donc ceux qui n'ont
pas étudié nos monuments historiques, dire et répéter que Lyon, en
s'affranchissant, chercha à atteindre la plénitude de cette existence
republicaine qui était, en quelque sorte, l'idéal auquel aspiraient
toutes les communes.

du commerce de Lyon et celle de la ville commencent le même jour; sa situation privilégiée au centre de la grande voie navigable de notre pays, lui avait assigné, dès sa naissance, son rôle (1). Rendez-vous des négociants gaulois sous les Romains, et peut être avant eux, Lyon était alors cité par Strabon « comme le marché de toute la Gaule. » Dans le cours du moyen âge, Lyon perdit un moment cet avantage, mais pour le recouvrer avant qu'il fût un long temps. De grandes et belles foires s'y tenaient annuellement ; les marchands de toutes les nations y affluaient, les transactions les plus importantes y avaient lieu, et nécessairement ces ventes où les échanges devaient amener de fréquentes contestations. Des juges étaient nécessaires pour prononcer sur ces différends, et il fallut songer à créer un tribunal spécial qui eût à en connaître. Ce tribunal d'exception a fonctionné jusqu'à la Révolution (2). M. Fayard lui a consacré aussi quelques pages dans son livre sur les anciennes juridictions lyonnaises ; mais il n'a pu que le faire sommairement, et l'histoire complète de la Magistrature consulaire lyonnaise était encore à

(1) « Icelle cité de Lyon, dit une ordonnance royale du xve siècle, est une des clefs du royaume, assise ez limites et marches d'iceluy est un pays de frontière, marchissant ez pays de Savoye, du Dauphiné, d'Italie, d'Alemagne et autres de l'empire d'un costé ; à Beaujolois et Bourgongne, au long de la rivière de Saosne, et de l'autre de Languedoc, au long du Rhosne ; de Forez et Auvergne, du moyen costé. »

(2) L'abolition de la féodalité eut pour conséquence immédiate celle des *droits* que les seigneurs percevaient dans les foires, halles et marchés, à raison de l'apport et du dépôt des denrées et marchandises et à raison du monopole du pesage et mesurage dans les mêmes lieux qui leur étaient attribués. La loi des 15-28 mars 1790, les supprima sans indemnité. (Dalloz , *Verbo Halles* , tome 27, p. 3.)

écrire, lorsqu'un jeune élève de l'Ecole des Chartes a eu, cette année, l'heureuse pensée d'entreprendre cette longue et difficile œuvre. M. Vaesen appelé, depuis peu, aux importantes fonctions d'archiviste de la Ville, a pu, du reste, mieux que tout autre, la mener à bonne fin. Joignant à un grand savoir, à une intelligence supérieure, cette force de volonté que demandent de grands travaux historiques, il a eu aussi l'heureux avantage d'être, par ses fonctions, dans le milieu des documents qui lui étaient nécessaires. Il a donc écrit, en moins d'un an, la volumineuse histoire de cette Magistrature lyonnaire appelée le *Tribunal de la Conservation* (1), l'une des gloires de Lyon ; l'une de ses plus belles institutions, et dont le souvenir inspire, plus d'une fois encore, le Tribunal actuel de Commerce, si dévoué à sa pénible tâche et qu'il remplit avec tant de distinction.

II

L'œuvre de M. Vaesen se compose de deux parties. La première, divisée en six chapitres, contient l'histoire du Tribunal de la Conservation, depuis sa création, vers l'an 1463, jusqu'au jour fatal où la Révolution le brisa. Dans la seconde, non moins importante pour l'érudit, sont renfermées les nombreuses pièces historiques sur lesquelles l'auteur a basé

(1) Cette histoire porte le titre : *La juridiction commerciale à Lyon, sous l'ancien régime. Etude historique sur la conservation des privilèges royaux des foires de Lyon, 1463-1795*, par J. Vaesen, ancien élève de l'Ecole des Chartes. Lyon, à la librairie d'Auguste Brun, à l'enseigne de la *Providence*, 13, rue du Plat. 1879, 300 pages in-8º.

son récit. J'en donnerai plus loin une rapide analyse, car ces documents étaient inédits, inconnus même, pour la plupart, et, en les publiant, M. Vaesen a rendu un véritable service à la science, car ce qui nous manque le plus, ce sont les monuments de l'histoire.

Suivons maintenant notre auteur dans le récit si substantiel qu'il nous donne de la fondation, de la transformation, pendant le cours des âges, des vicissitudes et enfin de l'anéantissement de cette grande institution.

Lorsque la Gaule fut soumise à Rome, nos conquérants y apportèrent leurs lois, leurs usages et leurs institutions. Il est donc à présumer que les grands marchés qui se tenaient à Lyon, de temps immémorial, furent soumis à la surveillance d'agents spéciaux (1), comme les marchés d'Italie étaient dans les attributions de deux préteurs et de deux édiles et, plus tard, dans celles du *Præfectus annonæ*.

En France, dès le XIIIe siècle, il fut établi que le roi seul, dans le royaume, pouvait permettre l'établissement de foires et de marchés. (Arrèt du Parlement de 1269.) On consultait moins l'intérêt du lieu où devait se tenir la foire que celui des pays voisins et du public, en général. Déjà, à cette époque, existaient la foire de St-Denys, établie par une charte du roi Dagobert, les foires de St-Laurent et de St-Germain, à Paris, et les foires de Champagne, qui se tenaient à Troyes, à Provins, à Bar sur-Aube et à Lagny-sur-Marne.

Les foires avaient autrefois plusieurs *privilèges*. Ainsi, les

---

(1) Un mémoire du XVIIIe siècle, mentionné par M. Vaesen, (p. 5), cite même un *curator nundinarum*. Véritable *conservateur des foires* du Lyon romain, dont l'existence n'a rien d'invraisemblable, quoique les inscriptions et les actes actuellement conservés n'en témoignent pas.

-marchandises qui y étaient conduites étaient *affranchies de tous droits*, et personne ne pouvait être poursuivi pour dettes antérieures. Elles avaient aussi d'autres franchises, notamment l'exemption du droit d'aubaine, en faveur des étrangers non domiciliés ni résidants en France. Louis XI et Henri II permirent aux marchands étrangers de tester et de disposer comme les régnicoles..

L'ensemble de ces privilèges constituait le droit commercial d'alors, que les juges ordinaires avaient eu, d'abord, seuls le droit d'appliquer. Mais cet état de choses ne pouvait durer. Le pouvoir dut nécessairement intervenir, car les foires étaient des plus fructueuses pour le Trésor public, qui y levait de larges tributs, — et il était d'une sage politique de leur donner l'appui et le concours de l'autorité, par l'institution d'une magistrature spéciale.

Du reste, la rapidité des opérations commerciales, la bonne foi que doit toujours y présider, l'expérience qu'exige le jugement des contestations qu'elles font naître, la nécessité d'une procédure expéditive avaient rendu indispensable, pour le commerce, une juridiction particulière, dégagée des formes lentes et compliquées de la justice ordinaire, soumise à des règles plus larges et moins inflexibles que celles du droit civil confié à des hommes exercés dans les matières sur lesquelles ils sont appelés à se prononcer. Notre Code de commerce n'est, en grande partie que la reproduction d'anciens édits, et les Tribunaux de Commerce ne sont guère que la continuation des juridictions spéciales désignées sous le nom de *Conservateurs des Privilèges des Foires*, de *Tribunaux de conservation*, de *Juges consuls*.

Jusqu'au XVᵉ siècle, les foires de Lyon n'eurent pas une importance exceptionnelle ; l'histoire ne les cite pas comme

foires reconnues par le roi. Celles de Brie et de Champagne
tenaient alors le premier rang. Jusqu'au xive siècle, elles
servirent d'entrepôt pour toute la France et pour les marchands gênois italiens, en général, et provençaux, dans leur
commerce avec la Flandre. Mais, en 1315, Louis-le-Hutin
ayant interdit tout trafic avec les Flamands, les marchands du
Midi allèrent en Flandre par mer et par l'Allemagne, et ne
vinrent plus à Troyes, malgré les efforts de Philippe de
Valois, du roi Jean et de Charles VI pour les y rappeler. De
là la décadence des foires de Champagne, dont l'importance
avait été si grande qu'elles avaient fait établir chez toutes
les nations d'Europe, comme mesures communes, les poids
de Troyes et de Provins (Ducange, *verbo marca*, 487.) Du
reste, à ce moment, la Champagne était sous la menace
constante des guerres qui désolaient le pays. Le commerce,
qui a besoin de calme et de sécurité, reflua alors vers le Midi,
et choisit Lyon pour le centre de ses grandes opérations. Les
rois de France (1) n'essayèrent pas de lutter contre le cou-
rant ; en habiles politiques, ils le suivirent et inaugurèrent à
Lyon, qui, de vieille date, avait été le siège d'un commerce
des plus importants, des foires investies de tous les privilèges des foires champenoises ; il y en eut deux (2), d'abord, à

(1) Les rois de France, en concédant des foires à Lyon, ne per-
dirent pas de vue que cette ville avait été dépeuplée par des
épidémies meurtrières, par les guerres continuelles et par la cherté
des subsistances qui permettait difficilement d'y vivre. Beaucoup
de familles l'avaient abandonné ; il importait de ne pas laisser suc-
comber entièrement cette ville.

(2) Avant de concéder ces foires, le roi « ordonna au bailly de
Mâcon de faire constater par une enquête le bien et le dommage
qu'en pourraient retirer le royaume de France et la ville de Lyon
en particulier. »

titre d'essai, en l'année 1420. Les temps étaient cependant
alors bien *troublés*, suivant l'expression d'un de nos anciens
chroniqueurs. La peste sévissait dans la ville, la guerre avec
l'Anglais et le Bourguignon continuait dans les pays voisins.
Humbert de Grolée était obligé de se poster avec ses hommes
d'armes, à Belleville, pour observer l'ennemi. Le Chapitre
lui-même faisait reconstruire la Porte-Froc, « car à ce temps
de guerre, on se fortifiait partout » (regis. cons.) ; mais le
Consulat s'y opposa, « craignant que le Chapitre ne voulût en
faire *une grande Bastille* que l'on doubtoit qui ne fut au
temps à venir, au préjudice de la ville. (Idem.)

Cet essai des deux premières foires ayant semblé réussir,
on en ouvrit une troisième en 1444. Louis XI, qui s'attachait
à développer l'industrie dans tous ses Etats, et particulière-
rement à Lyon, en établit une quatrième le 8 mars 1463,
par un ordonnance dans laquelle il est fait mention vérita-
blement de la *lettre de change*. La même année, le 20 octo-
bre, Louis XI permet à tous les marchands, soit nationaux,
soit étrangers, excepté les Anglais, « nos *anciens ennemis,* »
d'aller aux foires de Lyon établies par Charles VI. François
Royer était alors sénéchal et capitaine de la ville, et Tanne-
guy du Chastel, grand écuyer de France, exerçait la haute
charge de gouverneur du Lyonnais. Mais Louis XI se ravise
bientôt, sous l'influence de je ne sais quelles circonstances ;
il dota Genève de deux des quatre grandes foires de Lyon.
Le Consulat s'en émut vivement et remontra au roi que « l'art
et ouvrage de faire des draps d'or et de soye, introduit à Lyon
par une ordonnance du 24 novembre 1466, en éprouverait surtout un grand dommage. » Et pourtant, ajoutait peu après
le Consulat, « plusieurs ouvriers et gens qui se mêlent de
faire des draps de soye et autres marchandises, sont venus, *à*

l'occasion des foires, demeurer en ceste ville ; — grâces à eux, de grandes sommes d'or et d'argent qui sortoient auparavant du royaume y restoient à son grand avantage Enfin « plusieurs marchands étrangers de diverses nations établissoient leur domicile dans la ville. »

Cette décision de Louis XI, en faveur de Genève, était d'autant plus surprenante qu'à plusieurs reprises il avait interdit à ses sujets de fréquenter les foires de cette ville. Ce prince avait même fait arrêter des marchands étrangers traversant le territoire français pour s'y rendre.

Mais Genève ne conserva pas ces foires. Les protestations des Lyonnais et de nombreux cadeaux d'argent auxquels Louis XI n'était pas indifférent, firent rendre à Lyon les quatre grandes foires, par lettres du 11 novembre 1467.

Après la mort du roi, les foires de Lyon furent encore menacées. Cette fois, ce fut le commerce intérieur qui éleva très haut la voix aux Etats généraux, que le nouveau roi, Charles VIII, avait dû convoquer à Bourges. Les députés de Lyon, nommés par les trois ordres réunis dans l'église St-Jean, furent Claude Gaste, doyen de la Primatiale ; Guichard d'Albon, seigneur de St André ; Jean Palmier, juge-mage de Lyon ; Bertrand de Sallefranque, prévôt de Lyon, et Antoine Dupont, clerc procureur général de la ville. Troyes et Bourges demandèrent, chacune, des foires de Lyon ; on comprend l'émoi que causa dans cette ville cette énorme prétention. Le cardinal de Bourbon (1), le chapitre,

(1) La durée de chacune de ces foires était de six jours, l'une commençoit le lundy, le lendemain de la dimanche que l'on chante en sainte Eglise : « *Jubilate* » à trois semaines de Pasques, et continuant six jours après suivants ; et l'autre commençant le 15e jour

les conseillers et les habitants s'empressèrent d'adresser aux commissaires du roi un mémoire collectif qu'il n'est pas sans intérêt de reproduire ici, puisque M. Vaesen ne l'a pas donné, cette pièce ne se rapportant pas au juste à son travail, qui n'embrasse que la juridiction et non toute l'histoire des foires.

Les auteurs de ce document, après avoir rappelé l'origine et l'époque de la fondation de Lyon, ajoutent : « En icelle ville anciennement et il y a passé mille ans, ainsi que récite Strabon, il soûloit y avoir grandes et belles foires que, à l'occasion des guerres et pour ce que la dite ville fut détruite par les Vandales, lesdites foires furent interrompues.

« Lorsque le feu roi Charles VII alla de vie à trépas , il n'y avoit pas plus de 1000 à 1200 feux à Lyon, ce qui estoit bien peu de chose eu égard à son grand circuit.

« Lorsque les foires se tenoient à Genève, on y vendoit de grandes quantités de draps de laine venant de Flandres, Angleterre, Fribourg et autres pays étrangers, montant à plus de 400,000 f.; que, de ce royaume, la draperie qui se vendoit au dit Genève, soit de Normandie ou autre part, ne montoit pas à 100,000 f.; que depuis que lesdites foires ont été établies à Lyon, on y vend, sinon les draps de ce royaume, qui montent à plus de 800,000 f., ce qui fait que dans le Berry, le Poitou, etc., se sont tirées plusieurs draperies pour envoyer à Lyon.

« De même aux dites foires de Genève se vendoient des

du mois de novembre et continuant six jours après en ensuivants. (ord. roy. de 1420).

Plus tard, quand on établit une 3e foire, la durée de chacune fut portée de six à vingt jours, et la 3e foire fut fixée au lendemain de la fête St-André. (1er décembre).

toiles de Constance, d'Allemagne et autres, montant à de grandes sommes, et aussi quantité de blancherie, cuirs tannés et grosse pelleterie, et que de ce royaume il en venoit très peu ; mais quand les habitants du Bourbonnois, Forez, Lyonnois, Rouergue, Vivarois, Dauphiné, etc., ont vu la grande distribution qui se faisoit en la dite ville, ils se sont efforcés de faire toiles, cuirs, pelleteries ; que toutes ces choses se vendent audit lieu de Lyon, où on les échange pour marchandises étrangères, comme draps de soie et épiceries ; que la draperie qui se vend à Lyon et venant de ce royaume, monte, tous les ans, à plus de 8 ou 900,000 f., et, auparavant, il ne s'en vendoit pas à Genève pour 100,000 f.

« Les pays de Forez, Beaujolois, Roannois, Charolois et Bresse se sont mis à faires grosses toiles, qui se vendent à Lyon et montent à plus de 250,000 f., et on n'y en menoit point à Genève.

« La grosse pelleterie venant d'Auvergne, Limosin, blancherie, cuirs tannés qui se vendent à Lyon, montent, par an, à plus de 200,000 fr.

« Il se vend à Lyon plus de 60 charges de safran qui montent, par an, à plus de 80,000 fr., qui vient du pays Roannois, Forez, Limosin, Lyonnois, Vivarez, Gévaudan, où on s'est mis à le cultiver depuis l'introduction des foires. Auparavant, la pluspart du safran venoit de Catalogne, de la Marche d'Ancône, la Romagne, Naples et autres pays d'Italie.

« Les marchands d'Allemagne apportent aux dites foires, chaque année, une grande quantité d'argent blanc, et telle année, plus de 50 ou 60,000 marcs d'argent qu'ils échangent en marchandises et denrées. Ces marchands ne viendroient pas si les foires étoient portées plus loin dans l'intérieur du royaume.

« Là ville de Paris amène à Lyon grande quantité de bonnets, et de plus des épingles pour plus de 30,000 fr.

« Le roy tire grands profits des dites foires, car les gabelles et impositions foraines, qui ne montaient qu'à 3,000 francs, valent de présent plus de 8,000. Quand le roy a besoin de quelque grande somme, il la trouve aisément à Lyon. Jadis, quand le roy faisoit faire des achats de harnois de guerre, il falloit aller à Milan et hors du royaume ; à présent, il en trouve tant qu'il en veut au moyen des dites foires.

« Si l'on en otoit les foires de Lyon, on feroit dommage au royaume de plus de 2 millions d'or et plus par an ; car, auparavant, il falloit acheter les marchandises nécessaires hors du roynume, à deniers comptants, et aux foires de Lyon on ne fait qu'échanger. Il s'y vend bien plus de marchandises du royaume que l'on en amène des pays étrangers.

« Avant que les dites foires fussent à Lyon, il n'y avoit pas une bonne foire dans le royaume, parce qu'elles n'étoient pas aux extrémités, mais au milieu du royaume, Toutes les grandes délivrances se faisoient à Genève pour les marchandises qui venoient d'Allemagne, d'Italie, Savoye, Arragon. Les autres grandes délivrances se faisoient à Anvers. La foire du *Lendit,* qui est foire franche établie d'ancienneté, ne voit pas de marchands étrangers, et seulement ceux de Rouen et de Paris. De même celle de St. Denys, quoique franche.

« Si l'on objecte que toutes les monnoies étrangères s'y mettent et qu'on y met tel prix qu'on veut, ce ne sont pas ceux de Lyon qui y mettent le prix, mais ceux de Paris ou du Languedoc, qui vont en Flandre et autre part acheter des monnoies foibles, les font porter à Lyon pour leur donner cours à la grande foire du royaume, etc., etc. »

Ce mémoire avait été fait sur une enquête ouverte à Lyon ; malheureusement, le recueil des dépositions des parties entendues a été perdu.

Les Etats généraux (1) furent sourds aux doléances des Lyonnais, et une ordonnance du roi transporta à Bourges deux des foires de Lyon (2), celle de la quinzaine de Pâques et celle de la mi-août. Mais ces foires n'y subsistèrent que

(1) Les démarches du cardinal de Bourbon surtout, eurent, le plus d'influence pour faire rendre à Lyon les deux foires qu'on lui avait enlevées ; mais il ne vécut pas assez longtemps pour voir le rétablissement de ces deux foires. Il mourut une année auparavant. Néanmoins, la ville reconnaisante lui fit de splendides funérailles. Le jour ou, le 14 mai 1489, la restitution des foires fut proclamée officiellement, fut pour la ville une véritable fête ; une procession générale eut lieu pour donner plus de solennité à cet heureux évènement ; dès le matin on sonna toutes les cloches de la ville ; le consulat, tout le clergé, les personnages et les habitants précédés de trompettes parcoururent la ville en chantant des pseaumes.

(2) Les foires de Lyon étaient alors l'objet de la jalousie de plus d'une ville. Montpelier, entre autres, publia un mémoire contre ces foires, et en 1484 les procureurs du roi de la ville de Lyon se pourvurent devant le Parlement de Paris, au sujet du *décriement* qui a été fait à Montpellier contre les foires de Lyon.

On lit entre autres, dans l'acte de ce pourvoi : « Les gens de Montpellier voudraient parvenir à un damnable propos, savoir faire par tant moyens subtils qu'il ne sortira hors du royaume et il n'y aura aucune marchandise, sinon par les ports ou havres du pays de Languedoc, par le moyen des gallées et galléasses d'iceux particuliers, ainsi que feu Jacques Cuer (*cœur*) et Guillaume de Varey, s'étoient parforcés de faire et firent chacun en un endroit, par petits espaces de temps, contre le profit de la chose publique. Mais Dieu y pourvut, tant par la mort qui les surprit que autrement. Cela

deux ans, à cause d'un grand incendie arrivé le jour de la Magdeleine, le 22 juillet 1487, si l'on en croit une note du P. Ménestrier.

Cet orage fut passager, et Lyon recouvra encore une fois ses foires, par un édit de juin 1494, donné à Auxonne. Cet édit, en assurant d'une manière définitive l'existence des foires de Lyon, modifia, en même temps, la constitution de leur juridiction. Jusqu'alors, et sans parler des quarante premières années de l'existence des foires (1420-1463), pendant lesquelles il semble qu'il ait existé à Lyon quelques traces rudimentaires de l'organisation, fort simple d'ailleurs, des foires de Champagne, avec leur chancelier, leurs clercs de foires, leurs procureurs ou promoteurs, leurs sergents et leurs notaires, — jusqu'alors, dis-je, le sénéchal de Lyon, investi du titre de juge gardien et conservateur des privilèges des foires de Lyon, administrateur ordinaire de la justice, avait jugé les marchands comme les simples justiciables. Seulement, aux termes d'une ordonnance du 29 avril 1464, les questions peu importantes soulevées entre marchands devaient être décidées par de simples arbitres, au choix des parties. Si l'arbitrage n'aboutissait pas, des prud'hom-

seroit la plus grande playe que l'on pourroit faire au royaume et feroit renchérir les marchandises du levant surtout. »

1. Les Etats du Languedoc tenaient à ce que ces marchandises entrassent en France par le Languedoc, mais le Parlement de Paris autorisa Jean du Peyrat l'aîné et Jean du Peyrat le jeune, marchands de Lyon, à faire entrer à Lyon les marchandises qu'ils avaient fait venir du Levant et qui étoient en Dauphiné, en Savoie et ailleurs, nonobstant les dépenses faites depuis peu par les trois Etats du Languedoc, le tout » par manière de provision. » (Voir Péricaud, *Tabl. hist.*, an. 1484.)

mes (1), nommés par le consulat, étaient saisis de l'af-
faire ; mais on pouvait appeler de cette décision au sénéchal.

La concession faite par le roi au Consulat de participer à
la nomination d'agents chargés d'aider à l'administration de
la justice est un fait capital, mais que jusqu'à présent aucun
de nos historiens n'avait encore fait ressortir comme il devait
l'être, car ses conséquences seront plus tard extrêmement
graves. La royauté laissait mettre la ville un pied dans ses
attributions ; celle-ci allait bientôt en prendre dix, car le Consulat lyonnais était essentiellement envahisseur, et tous ses
efforts ont toujours tendu à se substituer en tout et partout à
la royauté. Sachons donc un véritable gré à M. Vaesen d'a-
voir si bien élucidé cette partie de l'histoire de la Justice
consulaire de Lyon, naguère encore si obscure ; aussi je crois
devoir reproduire ici, en entier, le tableau qu'il a présenté de
cette nouvelle organisation.

« Ainsi, dit-il (page 8), lorsqu'apparaît pour la première
fois aux foires de Lyon une organisation de la justice qui leur
est spéciale, qui cesse d'être calquée sur celle des foires de
Champagne, cette organisation comporte trois degrés de juridiction. Au sommet, le représentant du pouvoir royal, le
sénéchal, jugeant en dernier ressort les querelles entre les
marchands et leurs réclamations contre les officiers du roi,
réunissant entre ses mains, comme nous dirions aujourd'hui,
le contentieux civil et le contentieux administratif ; — au second degré, ce « prudhomme suffisant et idoine, » représen-

(1) M. Monfalcon avance, dans son *Histoire de Lyon* (t. 1, p·
347), que le roi transféra à Bourges deux des foires de Lyon, parce
que la ville avoit refusé à Charles VIII de lui donner une subvention
annuelle de 4,000 fr. jusqu'au jour de sa majorité.

tant du pouvoir municipal, chargé de veiller, lui aussi « à ce qu'aucun sergent ne fasse extorsion ou vexation aux marchands et de juger toutes les questions et débats qui surviendront entre iceux marchands pendant lesdites foires ; — enfin, au plus bas de l'échelle et, cette fois, réduit au cas le plus simple du contentieux civil, ces deux arbitres dont l'intervention a toujours été si usitée en matière commerciale. Même répartition pour les attributions administratives. Aux conseillers, la police municipale des foires, la fixation des emplacements où elles doivent avoir lieu, la nomination des courtiers, des prudhommes chargés de connaître, pendant les foires, de tous les débats qui pourraient s'élever entre marchands « à cause de la redargution de leurs marchandises de non estre bonnes ni vendables : » mais, en somme, le dernier mot reste à la royauté, en la personne de son Sénéchal, car les appels du premier et du second degré de juridiction finissent toujours par arriver au Sénéchal. A lui seul il appartient aussi de prendre les mesures administratives destinées à assurer, en dehors de la ville et des limites de l'autorité municipale la sécurité des marchands et la prospérité des foires (1). »

(1) Cette ordonnance accorde aux conseillers de Lyon le droit « d'élire et commettre aucun prudhomme suffisant et idoine, toutes fois que mestier sera, qui se prendra garde les dictes foires durant, qu'aucun sergent ne fasse extorsion ou vexation aux dits marchands et que toutes les questions et débats qui surviendront entre iceux marchands, ledict commis l'appointe et accorde amiablement, si faire le peut ou sinon qu'il leur face élire deux marchands non suspects ni favorables pour les appoincter, s'il est possible, et s'ils ne le peuvent appoincter, ils les renvoyeront devant le juge auquel la connoissance en devra appartenir et seront tenus de certifier ce qu'ils auront faicts.

Mais apparemment la royauté reconnut bientôt que le Sénéchal avait assez à faire de rendre la justice civile, car bientôt après cet édit de 1494 nous voyons apparaître un *Conservateur*, en titre d'office, gradué qui achète sa charge comme les autres officiers du Roi et qui, en droit, est absolument indépendant du Consulat, quoiqu'il lui arrive souvent d'en faire partie. Ce personnage est Claude Thomassin (1) à ce moment la charge de Sénéchal de Lyon était occupée par *Gilbert du Gué*. Ce Claude Thomassin est nommé pour la première fois à propos d'une poursuite contre les assassins d'un muletier, en l'année 1497 ; c'est donc entre juin 1494 et le 1er décembre 1497, que se place l'inauguration du nouveau système de justice commerciale à Lyon, et avec cette période commence la partie la plus neuve du travail de M. Vaesen. Jusqu'à lui, en effet, dans les répertoires de jurisprudence comme dans les études historiques dont les justices consulaires avaient été l'objet, on faisait commencer cette seconde période de la Conservation, celle où les fonctions de Conservateur étaient devenues distinctes de celles du sénéchal, en 1540 seulement, avec un édit introuvable et qui n'a jamais pu exister. Pourtant, des Conservateurs, en titre d'office, il y en a eu quarante-trois ans plutôt. M. Vaesen en

(1) Claude Thomassin appartenait à une ancienne famille de Lyon, dont le nom est encore retenu par une rue de la ville, ouverte par la famille Thomassin à travers un terrain qu'elle possédait et sur lequel elle construisit plusieurs maisons, en vertu d'une autorisation du Consulat du 8 janvier 1799. Réné Thomassin fut le premier Prévôt des marchands de Lyon. Le couvent des capucins du Petit-Forest était sa maison paternelle. Mathieu Thomassin fut un jurisconsulte des plus distingués. Claude Thomassin se qualifiait chevalier, seigneur de Dommartin et conseiller du roi. (Voir Colonia et Pernetti.)

compte trois. Claude Thomassin, Bonaventure Thomassin,
Néry Mazi, dont il a pu reconstituer la biographie bien dis-
tincte de celle des Sénéchaux, qui d'après tous les historiens
antérieurs auraient pourtant été des Conservateurs (1). Le
quatrième, par ordre chronologique de ces magistrats, Nicolas
de Chapponay, est en fonctions depuis plusieurs années, en
cette fameuse année 1540 qui, suivant une tradition des plus
fausses, inaugura le régime des Conservateurs en titre d'office. A cette même date de 1540, commençaient déjà à se
faire sentir les symptômes annonçant la transformation future
de la Conservation. Le Consulat protestait contre la dispari-
tion de l'élément électif de cette magistrature. Dès le 25 juin
1532, il songeait à acquérir l'office de Conservateur, et désormais ses aspirations en cette matière, ne perdent pas une
occasion de se manifester, dans les assemblées des notables,
et dans les cahiers des Etats généraux.

III

Il ressort en effet, des pièces justificatives données par M.
Vaesen, à la suite de son étude, que déjà dans une séance
du 25 juin 1532, le Consulat mit en délibération la question

(1) Le conservateur alors en charge était Néry Mazy, et deman-
dait 5,000 écus pour le prix de son office et à la condition de rester
en exercice sa vie durant, d'être conseiller surnuméraire, et de voir
fonder à Saint-Nizier, une messe basse, perpétuellement chaque
jour, laquelle messe serait intitulée la *Messe du Conservateur*. (Règ.
consul.)

de l'achat par la ville de la charge de Conservateur (1) on voit même dans le procès-verbal de cette séance, que la pensée de cette acquisition fut suggérée au Consulat par le Chancelier de France. « Leur a esté aussi remonstré comme autreffoys, y est-il dit, monsieur le Chancelier de France a remonstré au dit Consulat, luy estant en cette ville, que le dit Consulat n'estoit estimé, doublé, ne obey du populaire comme requis estoit, par autant que le dit Consulat n'avoit aucune jurisdiction, ne auctorité, comme les ont ceulx de Paris, Rouen, Tholoze, et austres bonnes villes franches de ce royaume, les persuadant d'avoir ladite Conservation audit Consulat, au moyen de laquelle le Consulat pourroit donner ordre à la politique et obvier aux monopoles des particuliers qui causent la cherté des vivres et denrées, en icelle ville, mais pour lors, par faulte de deniers ou de bonnes poursuite, la chose demeura sans estre mise à fin. »

Plus tard, les Eschevins de Lyon « pour l'augmentation du bien publiq de la dite ville, veulent supplier Sa Majesté qu'il luy plaise octroyer la cognoissance des différences entre tous marchands fréquentans les foyres de Lyon, tant estrangers que aultres, ainsi qu'il a esté permis et telle cognoissance et juridiction est attribuée aux Eschevins et Consuls de plusieurs bonnes villes de ce royaulme.... »

Un édit de 1583 arraché à Henri III et qui accordait aux Lyonnais les deux assesseurs élus qu'ils réclamaient ne put être mis en exécution par suite de l'opposition du Parlement de Paris jaloux de maintenir entre les mains des gens de robe longue la justice commerciale de Lyon.

(1) Mornac dit qu'ils étaient obligés de subir un examen sur le droit français et sur le droit romain devant le Parlement de Paris, avant d'entrer en charge.

Le 16 février 1584, François de Ruzinant, marchand drapier et bourgeois de la ville, est chargé par le Consulat « de supplier Sa Majesté, d'instituer deux assesseurs de robe courte, marchans ou bourgeoys, au Juge Gardien Conservateur des privileiges des dites foyres à l'instar des Juges Consuls des autres villes de ce royaume, et dont la nomination appartiendroit aux Eschevins Consuls d'an en an... »

Comme on le voit par ces citations, cette période de l'histoire des Conservateurs, si longtemps obscure, est remplie par les tentatives du Consulat, pour donner à la Conservation un caractère plus municipal. En 1560 même, les Conseillers de ville avaient demandé, dans « *une plaincte et doléance,* » le rétablissement pur et simple des prudhommes supprimés à l'avènement du Conservateur. Cependant, dans aucune de ces doléances, le Consulat ne se plaint de la personnalité des Conservateurs (1). C'étaient tous des magistrats distingués, possédant la connaissance du droit français et du droit romain, mais ils ne sont pas les élus du Consu-

(1) Son principal grief est longueur des procédures suivies devant le Tribunal de la Conservation. On lit, en effet, dans le cahier présenté aux Etats généraux, en 1588, « besoing est de depescher les marchans forains sur le champ et sans forme ny figure de procès, ce qui ne se peut espérer du Senechal ny d'autre juge de robe longue, nourry en longueur et formalité des Palais, ce qui a esté l'occasion que Leurs Majestés ont donné aux marchans ung Conservateur de robe courte qui les a depeschez sur le champ sans ministère d'advocat, longueur ny formalité de justice, mais que depuis quelque temps en ça les gens de robe longue ont empiété le dit estat et introduict en la dite cour les mesmes formalités de longueur, frais et dispenses accoutumées et autres cours ordinaires, tellement que tant s'en fault que pour le jourdhuy les marchans se ressentent du démembrement faict de la dite cour de celle du Senechal..... » Voir pièces justif. n° 5.)

lat ; parfois, il est vrai, ils en font partie, ils y sont appelés par le libre choix de leurs concitoyens, mais parfois aussi, comme le Conservateur André Laurans, une très curieuse figure au temps de la Ligue, ils profitent de leur qualité d'officier du roi pour s'imposer en quelque sorte au choix des électeurs lyonnais.

Je voudrais parler ici, avec quelque détails, de cet André Laurans, qui a joué un rôle si considérable, à Lyon, dans les derniers temps de la Ligue et même plusieurs années encore après la pacification de la France, et dont M. Vaesen a si bien mis en relief la belle et noble figure. C'était un grand citoyen. Préparé par sa naissance et par sa fortune au maniement des grandes affaires, il était aussi orateur adroit, financier habile, magistrat distingué et connaisseur des œuvres de l'art. Désabusé bientôt sur les agissements des princes de Lorraine, dont la coupable ambition était de se créer à Lyon une principauté indépendante du royaume, il demeura constamment attaché à la cause royale et contribua beaucoup à la soumission de Lyon à Henri IV. Mais la révolte de cette ville contre son souverain légitime fut nécessairement fatale à ses libertés. Henri IV réduisit de douze à quatre le nombre de ses conseillers, « car moindre est le nombre des officiers et mieulx en va pour la chose publique, » grande maxime d'État, trop oubliée aujourd'hui. La Ligue avait laissé aussi perpétuer les abus qui s'étaient glissés peu à peu dans le Tribunal de la Conservation. Le Consulat s'en plaignit nécessairement et s'en prévalut habilement pour demander que le Conservateur fût un homme de robe courte, et, pour s'emparer à son profit de cette juridiction, des négociations s'engagèrent à cet égard entre la ville et le roi ; des députés envoyés à la cour soutinrent habilement les prétentions de la

ville, et cette partie du récit de M. Vaesen n'est pas la page
la moins intéressante de son excellente étude. C'est avec un
véritable talent qu'il a su mettre, tour à tour en scène les
nombreux personnages qui se sont consacrés à la revendica-
tion des droits que la ville prétendait avoir à la propriété de
la Conservation, — montrer leur lutte tenace contre la
royauté, leurs efforts que rien ne peut décourager, et enfin
le triomphe de leurs aspirations. Ce récit, fait sur des documents inédits et de la plus grande valeur historique remplit
la dernière partie du chapitre consacré à la seconde période
de l'histoire de la Conservation.

IV

La Royauté en se prêtant aux désirs du Consulat fit une
concession qui n'amoindrissait en rien son pouvoir et son autorité sur la ville. Comme le fait si bien remarquer M. Vaesen, « le roi n'avait plus à redouter alors l'esprit d'indépen-
dance *communale* des Lyonnais, et à proscrire tout ce qui
aurait pu l'encourager. La réforme municipale faite par
Henri IV, ayant mis à peu près les élections dans sa main,
les échevins lyonnais pouvaient sauf de très rares exceptions,
être considérés comme des officiers royaux ; le roi avait toute
la réalité du pouvoir, il pouvait sans crainte en céder les ap-
parences. » Les Lyonnais désillusionnés, meurtris et écrasés
par les malheurs de la Ligue avaient comme abdiqué entre les
mains de la royauté et ils s'étaient mis aux pieds de leur gou-

verneur et de sa famille qui pendant deux siècles put regarder Lyon comme son fief (1).

L'édit de réunion en date du mois de mai 1655, porta que la Conservation se composerait désormais de onze juges, du Prévôt des marchands et des quatre échevins, membres de droit du Tribunal, et en outre de six autres juges, ex-consuls, bourgeois ou marchands renouvelables par moitié tous les ans. En dépit des protestations du Consulat, la royauté se réservait la nomination de deux de ces six juges ; les quatre autres étaient nommés par le Consulat, ainsi que les deux gradués chargés, pour une durée de deux ans, de remplir les fonctions d'avocats du roi. La présidence appartenait au Prévôt

(1) Ecoutons ce que nous dit si bien à cet égard M. Morin-Pons, dans son *Etude sur les Villeroy* (Lyon, 1862, p. 23). Si la flatterie assiégeait alors les abords du trône, elle suivait aussi les grands, quand ceux-ci venaient à leur tour trôner en province. Pouvait-il en être autrement à l'égard d'une famille qui concentrait dans ses mains le monopole de tout ce qui touchait à notre cité ? Aussi que d'attentions, que de petits soins de la part du consulat pour surprendre agréablement les oreilles de ses puissants protecteurs et maîtres ! Naissances, mariages, décès, faveurs royales, tout ce qui intéresse les Villeroy est évènement au sein de l'échevinage. Ici, c'est un compliment de nouvelle année, prononcé par nos magistrats devant Mme de Villeroy, religieuse aux Carmélites. Là, c'est une pension octroyée par la Ville au médecin qui a soigné la dernière maladie du marquis de Halincourt; plus loin, c'est une messe en musique pour célébrer le rétablissement de la santé du maréchal, cérémonie qui coûta 1,250 livres. Je ne parle pas des abondantes étrennes distribuées chaque année à nos gouverneurs, à leur famille et jusqu'au moindre de leurs domestiques. Une rente de 300 fr. était servie à la nourrice d'un fils de M. de Halincourt, et le Consulat disait que le bonheur de nos provinces « dépendait de l'espérance d'être toujours gouverné par des seigneurs de cette maison, et Saint-Simon n'avait donc pas tort quand il s'écriait, en parlant du maréchal de Villeroy : *Ce roi de Lyon.*

des marchands, mais s'il n'était pas gradué et qu'un des échevins le fût, l'instruction et la direction des débats lui étaient
confiés ; — au cas où ni le Prévôt des marchands ni échevins
n'étaient gradués, ils devaient appeler un officier du Prési-
diál « pour présider et instruire et juger conjointement avec
les autres juges, » mais pour l'année seulement; on était toujours à temps de nommer pour l'année suivante un autre officier du Présidial si l'on ne possédait pas encore un gradué.
Le Prévôt des marchands n'en gardait pas moins, toujours et
partout, « le premier rang et la première séance et le droit
d'opiner le premier. »

On pouvait espérer que désormais le Consulat satisfait de
posséder la Conservation qu'il s'était hâté d'installer dans son
Hôtel-de-Ville, si splendidement construit depuis peu, joui-
rait paisiblement de sa conquête , mais il avait recueilli, avec
la juridiction commerciale tous les privilèges dont les rois se
sont plus à l'enrichir : c'était là un héritage séculaire dont
ils n'entendait pas se laisser dépouiller ; aussi on le voit
bientôt entrer en lutte avec tous lés Parlements du royaume ,
les uns après les autres, et à plus forte raison encore avec des
juridictions moins importantes que les Parlements. Cette hu-
meur querelleuse força le roi, le 14 juin 1672, à créer au sein
de son conseil une commission spéciale pour juger tous les
conflits survenus entre la Conservation et les autres juridictions. Chose étrange, on voit alors le Consulat, selon le besoin des circonstances, invoquer, tour à tour, contre les juridictions municipales sa qualité de juridiction royale, contre
les juridictions royales son caractère municipal ; il entend ne
partager avec personne ses droits exorbitants de faire con-
damner à mort, de faire exécuter ses jugements dans tout le
royaume en tous lieux et à toute heure de juger les banque-

routiers. Elle affecte de donner à ses décisions le caractère doctrinal et législatif des arrêts de règlements rendus par les Parlements, mais elle ne voudrait à aucun prix que le Parlement si souvent demandé autrefois par les Lyonnais pût s'installer à Lyon, maintenant qu'elle y est toute puissante. Elle proteste même énergiquement dans un curieux mémoire contre l'établissement du Conseil supérieur qui, durant trois ans, à la fin de l'ancien régime, siégea à Lyon. Mais, où cette morgue excessive parait la plus choquante, c'est dans les rapports de la Conservation avec les autres juridictions consulaires du royaume. Du temps où le Conservateur n'était qu'un officier royal, le Consulat avait invoqué l'exemple des justices consulaires pour rendre la Conservation élective ; maintenant que la Conservation se compose des membres du Consulat, celui-ci trouve toute espèce de motifs pour ne pas partager avec les justices consulaires les privilèges dont jouit la Conservation. A cet égard, M. Vaesen a dit avec justesse : « la Conservation n'apercevait dans sa constitution que ce que celle-ci avait d'exceptionnel, et fermait les yeux sur les attributions qui pouvaient lui être communes avec les justices consulaires, elle ne pouvait même admettre que des obligations qui ne lui étaient pas imposées leur fussent épargnées, il ne lui convenait point, disait-elle, de faire cause commune avec les juges consuls, puisque ses privilèges étaient de nature à ne devoir pas être confondus avec les leurs. »

Cette partie de l'étude de M. Vaesen offre aussi le plus saisissant intérêt. Je ne dirai pas tout ce qu'il lui a fallu de recherches et de labeur pour réunir tous les documents ignorés de cette partie, pourtant si importante, de l'histoire lyonnaise, et pour les mettre ensuite en œuvre, en historien fidèle et impartial. Dans son étude, il n'y a pas un de ces

parti-pris qui loue ou dénigre sans cesse, selon ses préven-
tions, une grande institution, œuvre des hommes, dès lors
nécessairement imparfaite, et portant l'empreinte des faiblesses et des misères humaines. M. Vaesen est juste pour
tous, pour la Royauté qui avait fait notre pauvre France si
déchue aujourd'hui, si grande et si belle, et pour le Consulat, né d'une révolution, usurpateur des droits les plus légiti-
mes de nos archevêques, mais qui a su aussi être grand, et
avoir presque aussi l'éclat d'une royauté, après avoir dé-
pouillé cette dernière d'une partie de ses attributions. Les
appréciations de M. Vaesen, en ce qui touche la grande institution de la Conservation, ne sont pas moins justes ; après
avoir fait la part de ses défauts et de ses faiblesses, de son
orgueil et de son insatiable ambition, il dit d'elle : « La Conservation représente dignement, de concert avec le Consulat,
dont elle n'est, à vrai dire, qu'un rameau, cette grande aris-
tocratie commerciale dont on ne peut guère trouver le modèle
qu'en Italie. Comme sa rivale, ou plutôt comme sa métro-
pole des rives de l'Arno, qui lui avait envoyé tant de ses en-
fants, elle sait joindre à une haute intelligence des affaires
le goût des choses de l'esprit. Il y a chez ces magistrats
des sentiments à la hauteur de leur situation, un désinté-
ressement que ne vient pas altérer, comme ailleurs, la vé-
nalité des charges et la nécessité, pour le juge, de rentrer
dans ses déboursés. Les Conservateurs exercent gratui-
tement une fonction publique, et l'amour propre, l'égoïsme
même que nous avons eu à signaler chez eux, a, au moins ce
côté respectable, qu'il s'identifie avec le sentiment de la grandeur de leur cité. La Conservation était une création toute
municipale ; ses privilèges étaient des privilèges lyonnais, et
quand ses magistrats les défendaient avec une opiniâtreté qu'on

est parfois forcé de blâmer, il est permis au moins de dire à
leur décharge qu'ils défendaient, non leur intérêt propre,
mais celui de leurs concitoyens. » Mais tout ce qui est l'œuvre des hommes est périssable ; la Conservation, malgré s^a
grandeur et son utilité, devait avoir aussi sa fin et sombrer
avec toutes nos autres institutions dans le grand naufrage de
la révolution. Elle croula sous le décret du 27 mai 1791,
qui lui donna pour héritier le Tribunal de commerce qui,
depuis, a tenu sa place, non sans ouvrir immédiatement sa
succession, Ce décret laissa les conservateurs en fonction
jusqu'à l'installation des nouveaux juges consulaires, qui
eut lieu le 16 juin 1795. Ce fut le dernier jour de la Conservation.

Le Consulat avait cessé d'exister depuis cinq ans. Le 12
avril 1790, la municipalité avait été installée avec autant de
pompe que d'éclat. Les hommes superficiels ou trompés,
comme le pouvoir central, par de généreuses illusions, ap-
plaudirent à la chute de l'antique constitution lyonnaise et du
Consulat. Celui-ci se retira sans bruit, obscurément et non
sans dignité, et non sans avoir joui, jusqu'à la dernière
heure, du respect et de la considération de tous, après avoir
présidé souvent, non sans gloire, aux destinées de la grande
cité lyonnaise, pendant le temps considérable de quatre siècles
et demi. Il tomba de vétusté, comme tombent dans nos forêts
ces chênes séculaires, au port altier, et qui, après avoir fait
l'ornement et la gloire des lieux qui les ont vu naître, s'incli-
nent et s'affaissent sous le poids des ans, et qu'on admire
encore même après leur chute.

V

M. Vaesen, après, avoir consacré trois chapitres des mieux remplis,! riches de faits et de dates, à l'histoire proprement dite de la Conservation, depuis son lointain berceau jusqu'à sa chute, a complété sa belle œuvre par trois chapitres qui offrent aussi le plus vif intérêt et complètent les premiers.

Le IVe chapitre est relatif aux privilèges et à la compétence de la Conservation, le Ve à la législation en vigueur dans la Conservation et le VIe à la procédure de la Conservation. Le défaut d'espace ne me permet pas d'analyser ces trois chapi. tres, quel que soit le grand intérêt historique qu'ils offrent et la nouveauté des documents qu'on y rencontre. Enfin, le livre de M. Vaesen se termine par treize monuments historiques à peine connus, exhumés par l'auteur de la poussière de nos archives, et si bien mis en œuvre dans tout le corps de l'ouvrage. La reproduction littérale de ces monuments est un réel service rendu par M. Vaesen. L'historien y puisera les plus utiles renseignements, l'érudit en fera aussi son profit, et l'homme du monde même les lira avec un vif intérêt. M. Vaesen ne pouvait pas mieux couronner son œuvre. Appréciée comme elle méritait de l'être par la Société littéraire dont plus d'une des séances a été charmée par les lectures que lui en a fait l'auteur, cette compagnie a tenu à honneur de la publier dans ses Mémoires de 1879. Un tirage à part, considérable, en a été fait ensuite par la maison Mougin-Rusand, qui a conquis une place si exceptionnelle dans la typographie lyonnaise, et le livre de M. Vaesen est aujourd'hui déjà dans toutes les mains. Il a pris, dès le premier jour, dans le monde savant, la place qu'il méritait ; car il forme une des plus glorieuses pages de l'histoire lyonnaise, encore si mal connue, et restera comme un monument d'érudition, de profond savoir, écrit avec cette simplicité élégante qui ne se rencontre que chez les vrais historiens.

M. Vaesen se propose de nous donner bientôt une histoire du Commerce de Lyon depuis ses origines. Dans cette nouvelle étude se trouveront beaucoup de documents qu'on eût été heureux de rencontrer dans son œuvre actuelle, mais qui n'ont pas pu, faute d'espace, y trouver place et qui la compléteront. Cette nouvelle étude sera accueillie avec le plus vif intérêt, à Lyon surtout où le commerce et l'industrie sont la vie et la fortune de cette grande et belle cité.

Lyon. — Impr. P. Mougin-Rusand, rue Stella, 3.